TARIF LÉGAL

DES ACTES DES NOTAIRES

Enquête faite auprès de toutes les compagnies de notaires, sur le projet de loi présenté au Sénat, le 18 janvier 1894, par M. le Ministre de la justice.

PARIS, LE 13 JUIN 1894.

PARIS

LIBRAIRIE COTILLON

F. PICHON, SUCCESSEUR, IMPRIMEUR-ÉDITEUR,

24, RUE SOUFFLOT, 24

1894

TARIF LÉGAL

DES ACTES DES NOTAIRES

M. le Ministre de la Justice a présenté au Sénat dans la séance du 18 janvier 1894, un projet de loi ayant pour objet de compléter la loi du 5 août 1881, relative au recouvrement des frais dus aux notaires, avoués et huissiers.

Dans l'exposé des motifs, après avoir parlé des enquêtes faites auprès de la magistrature en 1852 et en 1862, après avoir dit que l'établissement d'un tarif légal était réclamé depuis plus d'un demi-siècle, mais surtout depuis une dizaine d'années par les publicistes et les magistrats, qu'il avait fait l'objet spécial de propositions de loi sous la dernière législature, M. le Ministre ajoute : « Les notaires eux-mêmes en « ont sollicité la création à plusieurs reprises, soit par « l'organe de leurs chambres, soit par la voix de leurs « délégués dans divers congrès.

« La possibilité de l'établir, longtemps contestée,
« résulte aujourd'hui, sans aucun doute, non seule-
« ment de l'examen de tous les tarifs particuliers
« confectionnés par chaque compagnie de notaires,
« mais encore de l'unification qui tend à se faire des
« usages de rémunération dans chaque Cour d'appel,
« comme viennent de le démontrer les notaires du
« ressort d'Angers.

« Enfin, dans les pays où le notariat a été organisé
« sur le modèle de la législation française, les no-
« taires jouissent d'un tarif légal. Le dernier qui a
« été promulgué, l'a été récemment en Belgique, en
« exécution d'une loi du 31 août 1891.

« Le tarif devra-t-il être établi uniformément pour
« toute la France, ou seulement par ressorts de Cours
« d'appel? Pourra-t-il être appliqué à tous les actes
« du ministère des notaires sans distinction de
« classe? Ce sont là des questions d'application que
« le gouvernement ne saurait résoudre dès aujour-
« d'hui, et qu'il vous demande la faculté et le temps
« d'étudier, après s'être entouré de tous les rensei-
« gnements utiles, et en faisant appel aux lumières
« des spécialistes compétents. »

Le Comité des notaires des départements, après
enquête faite auprès de toutes les compagnies, croit
nécessaire de présenter les observations du notariat
sur les motifs que M. le Ministre a invoqués à l'ap-
pui de son projet de loi, et sur l'opportunité du tarif
légal.

Il ne croit pas devoir s'étendre sur les enquêtes
faites auprès de la magistrature; il ne conteste pas
que la plupart des cours et tribunaux se sont mon-
trés favorables à l'établissement d'un tarif légal, il se
borne à faire remarquer que l'opinion ne fut pas una-

nime parmi les magistrats de la Cour de cassation, et que ce ne fut qu'après de longs débats, que la Cour proposa, en 1851, un projet de loi ainsi conçu : « Des « règlements d'administration publique détermine- « ront, par ressort de Cour d'appel, ou par circons- « criptions plus limitées, les honoraires dus aux no- « taires pour les actes de leurs fonctions. A l'égard « des actes qui auraient été formellement exceptés « par ces tarifs, ou qui n'y auraient pas été compris, « les honoraires des notaires seront, à défaut de « règlement amiable entre eux et les parties, taxés « par le président du tribunal civil de la résidence du « notaire. »

Ainsi, la Cour de cassation reconnaissait qu'un tarif unique était impossible, que des actes pouvaient être formellement exceptés du tarif ou ne pas y être compris ; elle suivait en cela l'opinion d'une partie de ses membres disant : « Qu'il fallait s'en tenir à la loi « existante, et à une pratique qui, depuis cinquante ans « n'avait pas amené d'abus, réglée qu'elle était d'ail- « leurs en cas de débat par un juge éclairé ; qu'au « reste, il n'était pas possible d'établir des tarifs pour « des actes, qui, en raison de leur complication et de « leur importance, des études, des lumières et de « l'expérience qu'ils exigent et enfin de la responsa- « bilité qu'ils entraînent, n'ont aucune analogie entre « eux. »

Il est vrai encore, que des publicistes, des magis- trats, ont réclamé un tarif légal ; mais les publicistes ne se sont peut-être pas tous rendu un compte exact des difficultés et des conséquences que pourraient entraîner son établissement ; quant aux magistrats, nous croyons que leur demande avait surtout pour objet d'éviter les conflits que la liberté d'appréciation dont ils étaient investis par la loi du 25 ventôse an XI et le tarif du 16 février 1807, amenait trop fréquemment entr'eux et les notaires.

Il est exact aussi, qu'avant la loi du 5 août 1881, quelques notaires isolément, et même des compagnies tout entières, ont sollicité l'établissement d'un tarif légal. Ils étaient loin toutefois de représenter l'opinion de toute la corporation, car le 28 décembre 1853, le Comité remettait à l'Empereur une adresse signée de 6000 notaires protestant contre cette mesure. Mais le but de leur demande était surtout de faire cesser une situation qu'ils considéraient comme intolérable. Un arrêt de la Cour de cassation du 1er décembre 1841, réformant une jurisprudence antérieure, avait décidé que l'art. 51 de la loi du 25 ventôse an XI, établissant le règlement amiable des honoraires et vacations entre les notaires et les parties, et la taxe par le Président du tribunal à défaut d'entente, se trouvait abrogé par l'art. 173 du décret du 16 février 1807, qui déclarait la taxe d'ordre public.

La conséquence de cet arrêt fut, que pendant trente ans après le règlement des frais et honoraires, les notaires restaient exposés à des demandes de taxe de la part de tous leurs clients; les honoraires qu'ils croyaient avoir légitimement perçus ne leur appartenaient qu'au bout de trente ans, par la prescription; ils devaient donc, ou faire taxer tous leurs actes, avant d'en percevoir les honoraires, ou tenir ceux perçus en réserve, pour les rendre aux clients dans le cas où les magistrats chargés de la taxe refusaient d'admettre leurs règles de perception.

La loi du 5 août 1881, instamment réclamée par le notariat, en limitant à deux ans le délai pendant lequel la taxe pourrait être demandée après le règlement, vint heureusement retirer cette épée de Damoclès, qui était depuis si longtemps suspendue sur sa tête.

Aussi, depuis cette époque, aucune pétition émanant de la corporation ne fut présentée aux Chambres. Tandis que quelques notaires isolés, la plupart sans mandat de leurs compagnies, réunis à Tours, sous le titre pompeux de « Congrès des notaires de France » demandaient l'établissement d'un tarif légal, les délégués de plus de 7000 notaires, composant l'assemblée générale du Comité des notaires des départements, par une délibération prise le 25 octobre 1893, repoussaient unanimement toute mesure tendant à provoquer ou à entraîner un remaniement du tarif de 1807.

La possibilité d'établir un tarif légal, unique pour toute la France, a été, comme le dit M. le Ministre, longtemps contestée ; elle ne l'est pas moins aujourd'hui encore. Il est vrai que chaque compagnie de notaires a son tarif particulier, de même qu'elle a son règlement ; tous les notaires qui en font partie doivent observer l'un et l'autre, autrement la discipline ne serait pas possible, et la liberté laissée à chacun amènerait de nombreux abus et rendrait intolérable la situation des notaires entre eux-mêmes. Il serait désirable certainement que les tarifs des compagnies appartenant à un même département, à un groupe de départements, à toute une Cour d'appel même, ayant les mêmes usages, dans lesquels les fortunes, la valeur des propriétés, les conditions de la vie, ne présentent pas de différences sensibles, soient unifiés, et que dans un même département, une même région, il ne suffise pas de traverser une route ou un ruisseau pour trouver des usages souvent trop dissemblables. Cette unification accomplie à Angers, peut être faite partout ailleurs, le Comité l'a conseillée et on y travaille dans toutes les régions. Mais il n'est pas besoin pour cela d'édicter un tarif légal, il suffit que la Chancellerie invite à le faire et que l'on trouve partout l'esprit de justice et l'accueil bienveillant que les notaires de Maine-et-Loire, de la Sarthe et de la Mayenne, ont rencontré auprès des chefs de la Cour et des magistrats du ressort.

En fait, le tarif légal existe implicitement. Lors de la cession de chaque office, la Chancellerie exige la production d'états indiquant par nature d'actes, les honoraires perçus par les notaires pendant les cinq, et même parfois pendant les sept dernières années de leur exercice ; c'est sur la moyenne quinquennale ou septennale de ces honoraires que la valeur des offices est fixée d'après une base qui a été de 10 à 12 0/0 et qui depuis 1890 est de 15 0/0 du produit net.

Un tarif légal ne pourrait donc être établi qu'en admettant les chiffres qui ont servi de base à la fixation du prix des offices ; toute tarification inférieure porterait atteinte à la propriété des notaires et serait une expropriation partielle des offices. L'appel aux spécialistes compétents, dont parle M. le Ministre, ne devrait donc pas avoir d'autre objet que la compilation de tous les tarifs existants.

Dans tous les pays où le notariat a été organisé sur le modèle de la législation française : en Alsace-Lorraine après 1871, en Belgique en 1893, un tarif légal a en effet été établi. Disons en passant que le tarif belge déjà révisé au bout d'un an d'épreuve, et constamment révisable, ne paraît pas donner une satisfaction complète aux notaires et encore moins au public ; les uns n'y trouvent pas la stabilité, les autres des réductions suffisantes. Mais, en Alsace-Lorraine, le gouvernement allemand a d'abord remboursé la valeur des offices aux titulaires ; en Belgique et dans les autres pays, la vénalité des charges n'existe pas ; les gouvernements avaient le devoir de tenir compte des situations acquises, mais n'avaient pas l'obligation de respecter les droits de propriété ; les titulaires qui ne se sont pas trouvés satisfaits du tarif qui leur était imposé, n'avaient qu'à abandonner un office dont la disposition appartenait à l'Etat. En France, la loi du 28 avril 1816 a établi la vénalité des offices en permettant aux titulaires de présenter des successeurs, le gouvernement a considéré que cette situation privilégiée lui créait le droit de contrôler les produits des offices et d'en fixer le prix ; il en résulte qu'en signant chaque nomination, il se trouve avoir contracté vis-à-vis de chaque titulaire, l'obligation de maintenir intacts les chiffres qu'il a admis.

Si des magistrats, des publicistes, des notaires eux-mêmes, ont demandé le tarif légal, il est d'autres personnes qui y sont beaucoup plus intéressées et qui cependant n'ont jamais fait aucune manifestation à ce sujet : ce sont celles qui paient les honoraires ; — cela prouve évidemment que les clients ne sont pas en désaccord avec leurs notaires, qu'ils savent apprécier la rémunération qui est légitimement due pour les services rendus, les soins donnés aux affaires et aux négociations souvent bien délicates, la responsabilité que les notaires encourent du fait de leurs actes et de leurs conventions. La preuve résulte de ce que les demandes en taxe sont fort rares, bien que les clients n'ignorent pas qu'ils peuvent l'exiger pendant deux ans, même après avoir payé librement les honoraires, et il serait facile de l'établir par les statistiques tenues dans un certain nombre de chambres. Nous citerons seulement comme exemple l'arrondissement de Beauvais. Pendant les années 1888, 1889, 1890 et 1891, les vingt-neuf notaires établis dans cet arrondissement ont reçu 70,169 actes portant sur un chiffre de transactions s'élevant à 237 millions, et la taxe a été demandée seulement pour 121 actes soit 1,70 par 1000 actes. Or, dans la même proportion les 3,014,369 actes reçus par les notaires pendant l'année 1889 auraient donné lieu à 1,124 taxes soit en moyenne moins d'une par notaire dont le nombre était de 8909, moins de 15 par arrondissement.

Nous ne parlons pas, bien entendu, des actes concernant les établissements publics, les mineurs et autres incapables pour lesquels la taxe doit et devra toujours nécessairement avoir lieu.

Et nous ferons remarquer que la plupart du temps, les demandes en taxe sont faites par les mauvais payeurs, ou suscitées par des agents d'affaires jaloux des notaires et éconduits pour avoir quelquefois sollicité des remises qui leur ont été refusées.

Le tarif légal n'est donc point une question d'ordre public, la situation actuelle ne donne lieu à aucun abus sérieux, et s'il en est commis, l'autorité de MM. les Présidents des tribunaux suffit pour les réprimer.

Si, quoiqu'il ne soit pas réclamé par l'opinion publique, quoique la grande majorité du notariat proteste contre son établissement, le tarif légal est décrété par les pouvoirs publics, la loi devra nécessairement définir comment il sera établi. Nous avons déjà dit qu'un tarif uniforme pour toute la France était impossible, en raison de la différence des lieux, des fortunes, des usages, des charges des notaires et des conditions de la vie. Les usages de la Corse, par exemple, ne peuvent pas être imposés au notariat de Paris, pas plus que ceux de Paris ne pourraient être imposés à la Corse ; une unification générale de tous les tarifs donnerait trop aux uns, trop peu aux autres ;

dans l'un et l'autre cas cette mesure serait préjudiciable au public, car, dans le premier, les parties supporteraient une augmentation de frais qui ne serait pas justifiée par les circonstances et, dans le second, les notaires, dont la situation se trouverait diminuée, pourraient avoir une tendance à chercher une compensation à la réduction de leurs émoluments en multipliant les rôles et les vacations tarifés par la loi. Dans toute hypothèse, le notariat serait porté à s'affranchir de la partie la plus élevée de son ministère pour s'en tenir à la réception matérielle des actes.

Le tarif ne pourrait donc être établi équitablement que par groupe de départements, ou par régions ayant les mêmes habitudes locales, ou tout au moins n'en différant pas sensiblement.

Il devrait, comme on l'a fait en Belgique, abroger toutes les tarifications antérieures, telles que : le tarif du 16 février 1807, l'ordonnance du 10 octobre 1841, le décret du 5 novembre 1851, etc., dont les dispositions surannées ne sont plus en rapport avec les conditions de l'existence, la valeur monétaire et les charges que les notaires ont à subir.

Il devrait enfin faire disparaître, ou du moins atténuer la disproportion qui existe entre le taux des vacations et des rôles alloué aux différentes classes de notaires, et remédier ainsi à la situation précaire de beaucoup d'études de troisième classe, dont un grand nombre sont abandonnées et ne trouvent plus de titulaires.

Le Comité des notaires en présentant ces observations est l'interprète de la grande majorité du notariat; elles sont le résultat de l'enquête qu'il a cru devoir faire pour ne pas se méprendre sur le sentiment actuel de la corporation.

Le 20 avril dernier, il a adressé à toutes les Compagnies un questionnaire ainsi conçu :

« La Compagnie demande-t-elle ou repousse-t-elle « le tarif légal?

« Si le principe du tarif est admis, doit-il être uni- « forme pour toute la France, ou doit-il être établi « par région de Cour d'appel ou par groupe de dépar- « tements?

« Si le tarif est admis, doit-il contenir une révision « complète de celui du 16 février 1807, de l'ordon- « nance du 10 octobre 1841 et de toutes autres régle- « mentations des honoraires des notaires? »

248 compagnies (1) (sur 358) ont jusqu'à présent répondu à notre questionnaire.

3 demandent le tarif légal, uniforme pour toute la France (Baume-les-Dames), Gannat, Castel-Sarrasin.

24 sont opposées à toute tarification légale (Marseille, Bordeaux, Le Havre, Gray, Sancerre, Trévoux, Épernay, Yssingeaux et toutes les compagnies du ressort de la Cour de Montpellier).

33 sont partisantes du tarif légal, mais demandent qu'il soit établi par région de Cour d'appel ou par groupe de départements ayant des usages similaires, et que ces usages soient maintenus.

188 repoussent le tarif légal et demandent le main-

---

(1) Le nombre des réponses devrait être bien plus considérable, beaucoup de compagnies se sont abstenues de répondre soit parce qu'elles font partie de sous-comités régionaux qui ont donné une réponse collective, soit parce qu'elles s'occupent d'unifier leurs tarifs dans leur région de Cour d'appel ou parce qu'elles l'ont déjà fait. Elles ont donc accepté le principe du tarif régional établi par les compagnies elles-mêmes. On peut évaluer leur nombre à 75, ce qui porterait à 320 environ le nombre des compagnies qui ont répondu à notre consultation, ou ont agi, et cru inutile de répondre.

tien de l'état de choses actuel et, si, malgré leur sentiment, le tarif légal est voté par le Parlement, elles demandent qu'il soit établi par région de Cour d'appel ou par groupe de départements, et même dans certains cas, par département, afin de conserver les usages et les droits acquis, la situation actuelle ne soulevant aucune difficulté avec les parties, ni aucune difficulté sérieuse avec la magistrature.

Nous présentons ci-dessous le résultat de l'enquête par Cour d'appel.

Cour d'Aix. — 13 compagnies. — Réponses : 2.

Marseille. — Proteste énergiquement contre tout tarif légal.

Toulon. — Proteste contre le tarif légal, mais admettrait l'unification par groupe de compagnies pouvant avoir les mêmes ressources et les mêmes besoins.

Cour d'Agen. — 11 compagnies. — Réponses : 4.

Agen, Villeneuve-sur-Lot. — Ne sont pas partisans du tarif légal, se concerteront cependant pour un tarif par région.

Lectoure, Mirande. — Acceptent le principe du tarif légal, établi par région.

Nota. — Toutes les compagnies du ressort s'occupent de l'unification de leurs tarifs.

Cour d'Amiens. — 14 compagnies. — Réponses : 14.

Amiens, Abbeville, Montdidier, Péronne, Doullens, Laon, Château-Thierry, Soissons, Saint-Quentin, Vervins, Beauvais, Clermont, Compiègne, Senlis. — Les réponses sont identiques ; le tarif légal n'est réclamé ni par les notaires ni par les parties, la question n'offre aucune opportunité, elle n'est soulevée ni par les plaintes, ni par les abus.

Si le tarif est voté il doit être établi par régions ayant les mêmes intérêts, les mêmes usages.

Nota. — Toutes les compagnies ont fait l'unification de leurs tarifs.

Cour d'Angers. — 12 compagnies. — Réponses : 12.

Laval. — Demande le tarif légal, obligatoire, sanctionnant la moyenne des tarifs actuels, et établi par région de Cour d'appel au plus ou par groupe d'un seul département au moins.

Angers, Beaugé, Saumur, Segré, Château-Gontier, Cholet, Mayenne, Le Mans, La Flèche, Mamers, Saint-Calais repoussent le tarif légal. — Demandent, au cas où le tarif serait voté, qu'il soit établi par ressort de Cour d'appel.

Angers. — Demande en outre que les tarifs soient élaborés à la Chancellerie, par une commission dont seraient appelés à faire partie les délégués des compagnies intéressées, pour être ensuite portés devant le Conseil d'Etat, qui prononcerait en dernier ressort, les notaires entendus.

Nota. — Toutes les compagnies du ressort ont un tarif régional en vigueur depuis le 1er janvier 1894.

Cour de Bastia. — 5 compagnies. — Réponses : Néant.

Cour de Besançon. — 12 compagnies. — Réponses : 8.

Baume-les-Dames. — Demande un tarif légal et uniforme pour toute la France, tout en approuvant le tarif du ressort de Besançon.

Gray. — Hostile au tarif légal qui n'est réclamé ni

par les populations ni par les notaires; difficile à établir en raison de la diversité des usages et de l'impossibilité de prévoir tous les cas.

Belfort, Dôle, Lure, Montbéliard, Pontarlier, Vesoul. — Opposés au tarif légal, — demandent, s'il est voté, qu'il soit établi par région de Cour d'appel.

NOTA. — Toutes les compagnies ont achevé le travail d'unification de leurs tarifs.

Cour de Bordeaux. — 16 compagnies. — Réponses : 8.

Bordeaux. — Repousse le tarif légal, demande le maintien de ses usages, s'associe néanmoins à l'établissement du tarif régional.

Angoulême. — Opposé au tarif légal.

Bazas, Bergerac, Lesparre, Libourne, Ruffec, Sarlat. — Ne réclament pas le tarif légal.

S'il est voté, demandent qu'il soit établi par région de Cour d'appel.

NOTA. — Le travail d'unification des tarifs est en cours.

Cour de Bourges. — 11 compagnies. — Réponse collective.

Sancerre. — Opposé à tout tarif légal.

Châteauroux, Clamecy, Issoudun, Nevers, Château-Chinon. — Opposés au tarif légal. S'il est voté, demandent qu'il soit établi par région.

Cour de Caen. — 16 compagnies. — Réponses : 11.

Toutes les compagnies sont opposées au tarif légal — demandent le maintien du règlement amiable et, si le tarif légal est voté, demandent qu'il soit établi par région de Cour d'appel.

Nota — Le projet d'unification des tarifs est établi.

Cour de Chambéry. — 8 compagnies. —
Réponses : Néant.

Cour de Dijon. — 12 compagnies. — Réponses : 12.

Charolles, Louhans. — Partisans du tarif légal établi par région.

Dijon, Beaune, Châtillon-sur-Seine, Semur, Langres, Wassy, Chaumont, Mâcon, Châlon-sur-Saône, Autun. — Repoussent le tarif légal. S'il est voté, demandent qu'il soit établi par région.

Nota. — Toutes les compagnies ont établi un tarif régional.

Cour de Douai. — 13 compagnies. — Réponses : 13.

Cambrai. — Demande qu'avant toute décision des pouvoirs législatifs, il soit procédé par le gouvernement à une enquête auprès de toutes les chambres de notaires, comme cela a été fait en 1862, et qu'au pouvoir législatif seul, il appartienne de décider s'il y aura un tarif unique ou des tarifs régionaux, et d'en fixer l'établissement.

Valenciennes. — Partisan d'un tarif légal par Cour d'appel.

Dunkerque, Lille, Avesnes, Douai, Hazebrouck, Arras, Béthune, Boulogne-sur-Mer, Montreuil,

Saint-Omer, Saint-Pol. — Opposés au tarif légal, préfèrent le maintien de leurs usages; si le tarif est admis, demandent qu'il soit établi par région.

Nota. — Le travail d'unification est en cours dans le ressort.

Cour de Grenoble. — 11 compagnies. — Réponses : 2.

Saint-Marcellin, La Tour du Pin. — Opposés au tarif légal; s'il est voté, demandent un tarif unifié par région.

Nota. — L'unification des tarifs est en voie de préparation.

Cour de Limoges. — 11 compagnies. — Réponses : 11.

Bellac, Tulle. — Partisans d'un tarif légal établi par région de Cour d'appel.

Limoges, Guéret, Boussac, Bourganeuf, Brives, Rochechouart, Aubusson, Saint-Yrieix, Ussel. — Demandent le maintien de leurs usages, en grande partie d'accord avec leurs tribunaux, s'associent au tarif régional.

Nota. — Toutes les compagnies ont établi un tarif régional.

Cour de Lyon. — 10 compagnies. — Réponses : 8.

Lyon. — Opposé au tarif légal, s'il est voté, demande le tarif général applicable à toutes les régions.

Trévoux. — Opposé à tout tarif légal; d'accord avec son tribunal, demande le maintien de ses usages.

Gex, Belley. — Acceptent tarif légal établi par région de Cour d'appel.

Montbrison, Bourg, Roanne, Saint-Etienne. — Opposés au tarif légal; s'il est voté, demandent qu'il soit établi par région de Cour d'appel.

Cour de Montpellier. — 16 compagnies. —
Réponse collective.

Aucune difficulté sérieuse n'est soulevée dans le
ressort au sujet des honoraires qui sont perçus con-
formément à des usages anciens et dont l'équité se
trouve ainsi parfaitement établie; en conséquence le
vœu unanime des notaires du ressort est qu'il ne soit
pas fait de tarif légal.

Cour de Nancy. — 18 compagnies. — Réponses : 16.

*Nancy, Sedan, Verdun, Montmédy, Vouziers,
Mézières, Neufchâteau, Mirecourt, Epinal*. — Repoussent le tarif légal; s'il est voté, demandent qu'il
soit établi par région de Cour d'appel.

Lunéville. — Proteste énergiquement contre toute
proposition ayant pour but l'établissement d'un tarif
modifiant ses usages avant le remboursement total
ou partiel par le gouvernement des offices de notaires.

*Toul, Rocroi, Saint-Dié, Bar-le-Duc, Briey, Remi-
remont*. — Ne se prononcent pas sur le tarif légal,
préfèrent le maintien de leurs usages, mais acceptent
en principe un tarif par région de Cour d'appel.

Cour de Nîmes. — 14 compagnies. — Réponses : 5.

Nîmes, Mende, Le Vigan, Tournon. — Demandent
le tarif légal pour la région de la Cour d'appel con-
forme à leurs usages. La compagnie de Tournon
sous toutes réserves relativement aux bases sur les-
quelles il sera établi et aux personnes qui seront
chargées de le rédiger.

Carpentras repousse le tarif légal uniforme; au cas
où le tarif légal serait voté, demande qu'il soit établi
par région de Cour d'appel.

Cour d'Orléans. — 10 compagnies. — Réponses : 6.

Orléans, Blois, Gien, Montargis, Pithiviers. — Repoussent le tarif légal, sont d'accord avec leur clientèle et la plupart avec leurs tribunaux ; si le tarif est voté, demandent qu'il soit établi par Cour d'appel.

Loches. — Ne se prononce pas.

Cour de Paris. — 31 compagnies. — Réponses : 24.

Paris. — On sait que la compagnie demande le maintien de ses usages.

Versailles, Tonnerre, Sainte-Menehould, Rambouillet, Nogent-sur-Seine, Nogent-le-Rotrou, Meaux, Melun, Corbeil, Chartres, Coulommiers, Sens, Étampes, Joigny, Bar-sur-Seine, Épernay, Reims, Fontainebleau, Avallon. — Repoussent le tarif légal.

Dreux, Pontoise, Provins. — Sans se prononcer sur le tarif légal, acceptent en principe un tarif régional.

Vitry-le-François. — Partisan du tarif légal.

Si le tarif est voté, la plupart des compagnies demandent qu'il soit établi, sinon par département, du moins par groupe de départements à cause de l'étendue du ressort de la Cour, les différences d'usages étant trop grandes entre les départements voisins de Paris et ceux éloignés.

Nota. — Toutes les compagnies du ressort (celle de Paris excepté) ont établi un projet d'unification de leurs tarifs.

Cour de Pau. — 11 compagnies. — Réponses : 4.

Pau. — Ne s'est pas prononcé, accepterait un tarif par région de Cour d'appel.

Bayonne, Tarbes, Oloron. — Demandent le tarif légal, établi par région de Cour d'appel.

Nota. — Toutes les compagnies du ressort ont établi le travail d'unification de leurs tarifs.

Cour de Poitiers. — 18 compagnies.— Réponses : 11.

Poitiers, Saintes, Jonzac, Civray. — Repoussent le tarif légal ; s'il est voté, demandent qu'il soit établi par région de Cour d'appel.

Châtellerault. — Partisan du tarif légal, établi pour la région.

Fontenay-le-Comte. — Accepte le tarif légal par Cour d'appel avec refonte des lois et décrets antérieurs.

Saint-Jean-d'Angély, Bressuire, La Roche-sur-Yon, Les Sables d'Olonne, Montmorillon. — Sans se prononcer, acceptent un tarif régional pour leur Cour d'appel.

Nota — Toutes les compagnies ont établi un projet d'unification de leurs tarifs.

Cour de Rennes. — 25 compagnies.— Réponses : 18.

Rennes, Brest, Châteaubriant, Dinan, Montfort, Ploërmel, Quimperlé, Quimper, Saint-Brieuc, Saint-Malo, Saint-Nazaire, Vannes, Loudéac, Guingamp, Ancenis. — Opposés au tarif légal ; s'il est établi, demandent qu'il soit fait par région de Cour d'appel.

Châteaulin, Lorient, Paimbœuf. — Sans se prononcer, admettent le tarif régional qui sera établi à Rennes.

Le nombre des compagnies, les différences d'usage semblent rendre difficile l'établissement d'un tarif pour toute la région de la Cour.

Cour de Rouen.—10 compagnies. — Réponses: 10.

Le Havre. — Opposé à tout tarif légal, demande le maintien de ses usages acceptés par le tribunal.

Rouen, Bernay, Louviers, Evreux, Yvetot, Dieppe, Les Andelys, Neufchâtel, Pont-Audemer, demandent le maintien de leurs usages ; si le tarif est voté, demandent qu'il soit établi par région de Cour d'appel.

Nota. — Le travail d'unification des tarifs est en cours.

———

Cour de Riom. — 16 compagnies. — Réponses : 8.

Gannat. — Demande un tarif uniforme pour toute la France.

La Palisse, Thiers. — Opposés au tarif légal ; s'il est voté, demandent qu'il soit établi par région de Cour d'appel.

Riom, Clermont-Ferrand, Le Puy, Moulins, Saint-Flour. — Partisans du tarif légal par région de Cour d'appel.

Nota — Plusieurs compagnies du ressort s'occupent de l'unification de leurs tarifs.

———

Cour de Toulouse. —14 compagnies. —Réponses :8.

Yssingeaux. — Repousse tout tarif, demande le maintien de ses usages.

Moissac, Montauban, Muret. — Opposés au tarif légal, acceptent un tarif régional.

Toulouse, Lavaur, Castres. — Acceptent un tarif légal pour la région de la Cour.

Castel-Sarrasin admet le tarif légal uniforme pour toute la France.

Dans un autre ordre d'idées :

45 compagnies demandent que le tarif, s'il est

établi, contienne la révision du tarif de 1807, de l'ordonnance de 1841 et de toutes autres réglementations des honoraires des notaires qui ne sont plus en rapport avec les charges, les conditions de la vie et la valeur monétaire.

3 compagnies demandent l'assimilation complète entre toutes les classes de notaires.

Plusieurs compagnies demandent seulement l'assimilation des deuxième et troisième classe, quant aux rôles et aux vacations.

En résumé, la presqu'unanimité des compagnies repousse le tarif uniforme pour toute la France.

La grande majorité, opposée au tarif légal, demande, au cas où, contre leur vœu, il serait voté par le Parlement, ce tarif soit établi par région de Cour d'appel, et même dans certains cas par département ou par groupe de départements, et que les tarifs ainsi établis par les compagnies soient soumis à l'homologation du gouvernement avec la révision des réglementations antérieures.

Paris.— Imp. F. Pichon, 282, rue Saint-Jacques, et 24, rue Soufflot.